OPTATIEN

DEUXIÈME ÉVÊQUE DE TROYES

ET

LES CONCILES DE COLOGNE

ET DE SARDIQUE

ÉCLAIRCISSEMENT HISTORIQUE

PAR

M. L'ABBÉ LALORE

PROFESSEUR AU GRAND-SÉMINAIRE DE TROYES

TROYES

IMPRIMERIE ET LITHOGRAPHIE DUFOUR-BOUQUOT
Rue Notre-Dame, 41 et 43

M D CCC LXVIII

OPTATIEN

DEUXIÈME ÉVÊQUE DE TROYES

ET

LES CONCILES DE COLOGNE

ET DE SARDIQUE

ÉCLAIRCISSEMENT HISTORIQUE

PAR

M. L'ABBÉ LALORE

PROFESSEUR AU GRAND-SÉMINAIRE DE TROYES

TROYES

IMPRIMERIE ET LITHOGRAPHIE DUFOUR-BOUQUOT
Rue Notre-Dame, 41 et 43

M D CCC LXVIII

OPTATIEN

DEUXIÈME ÉVÊQUE DE TROYES

ET

LES CONCILES DE COLOGNE ET DE SARDIQUE

Optatien porte divers noms dans les anciens catalogues des évêques de Troyes. Il est nommé Obtacianus dans le catalogue de la Cathédrale, Optacianus dans celui de l'abbaye de Saint-Loup, Obtatinus dans celui de l'abbaye de Montiéramey, Gotacianus dans celui du P. Sirmond [1].

D'après les historiens troyens, Pierre Pithou, Camusat, Desguerrois et Courtalon (qui résume nos auteurs manuscrits du xviiie s.), les faits connus de l'épiscopat d'Optatien se rattachent aux conciles de Cologne et de Sardique. Le *Gallia Christiana* confirme ces témoignages [2]. Or, on connaît toutes les difficultés de la critique au xviie et au xviiie s. par rapport à ces conciles. Les auteurs en contestèrent les dates et se divisèrent même sur le fond de la

---

[1] Biblioth. impér., latin 11478, fol. 113. On trouvera ces différents catalogues dans le premier volume de notre *Histoire de l'Eglise de Troyes*.

[2] T. XII, col. 484.

question, les uns admettant, les autres niant l'authenticité des actes du concile de Cologne. Il importe donc à l'histoire et à la chronologie des évêques de Troyes, aussi bien qu'à l'histoire générale de l'Eglise, d'éclaircir cette question controversée.

L'origine des discussions sur ce point historique fut la difficulté de concilier entre eux les actes du concile de Cologne, tenu le 12 mai 346[1], avec les actes du concile de Sardique, célébré en 347[2]. En effet, d'un côté, le concile de Cologne dépose comme hérétique Euphratas, évêque de cette ville, parce que, se séparant de saint Athanase et de l'Eglise catholique, il s'était lié aux ariens et niait la divinité de Jésus-Christ. D'un autre côté, quelques mois plus tard, les mêmes Pères, assemblés à Sardique, semblent oublier les actes de Cologne, et ils admettent dans leurs rangs Euphratas portant encore au front les stigmates de sa chute honteuse : ils font plus, ils lui confient la haute mission d'aller, avec le célèbre Vincent de Capoue, trouver l'empereur Constance, pour plaider la cause de saint Athanase et défendre les intérêts de l'Eglise entière. Or, comment expliquer la déposition de l'évêque de Cologne et sa réintégration subite, à une époque où la discipline de l'Eglise était si sévère pour les évêques *tombés*, qu'à peine les admettait-on, après plusieurs années d'épreuves, à la seule communion laïque. Il s'agissait donc de lever cette difficulté. Les savants des derniers siècles donnèrent des solutions différentes. Les uns, prenant un moyen radical, firent disparaître le concile de Cologne et nièrent son authenticité. D'autres, moins hardis, prétendirent que les *notes consu-*

---

[1] Coleti, *Concil.*, t. II, col. 643-654.

[2] *Ibid.*, col. 654-728. — Mansi, *Supplement. ad concil. Labbe*, t. I, col. 211-218, in-fol., Lucques, 1748.

laires qui précisent la date de ce concile avaient été altérées, et qu'il fallait le placer après celui de Sardique [1]. D'autres, laissant ce concile à sa date, qui leur paraissait incontestable, avancèrent que le nom d'Euphratas s'était glissé par erreur dans les actes du concile, et que l'évêque condamné comme hérétique portait un autre nom, par exemple, celui d'Euphrase. Enfin, d'autres pensèrent qu'il fallait admettre deux évêques de Cologne du même nom : le premier, qui était hérétique, aurait été condamné en 346, et le second, qui était catholique, aurait reçu une mission de confiance du concile de Sardique en 347. Mais il était facile de renverser toutes ces hypothèses, qui ne reposaient sur aucun texte, et qui étaient en contradiction avec des faits historiques certains. D'ailleurs, la plupart des critiques comprirent que, rejeter le concile de Cologne, c'était attaquer la certitude historique elle-même, nul concile n'étant mieux établi par les documents traditionnels et n'offrant plus de caractères intrinsèques d'authenticité. Restait donc un moyen : vérifier la date du concile de Sardique, donnée par Socrate [2] et Sozomène [3]. Dominique Mansi, dans un savant travail [4], prouva que le concile de Sardique s'était tenu, non en 347, mais vers la fin de l'an 344 : la solution était donc trouvée. Nous allons, d'après des documents nouveaux, confirmer et

---

[1] Binius le place vers 350 (Coleti, *Concil.*, t. II, col. 650), et Lecointe dans ses *Annales,* en 352 ; mais Pagi (*Critic. in Annal. Baron. ad an.* 346, n. 6), et le P. Henschenius (*Acta SS.*, t. III *Maii,* p. 211, n. 4), réfutent cette opinion dénuée de tout fondement. En effet, S. Maximin, qui présida ce concile, et plusieurs évêques qui y assistèrent, étaient morts dès l'an 349.

[2] L. II, c. 20.

[3] L. II, c. 11.

[4] *De Epochis Sardicensis et Sirmiensis concil. — Supplement.,* t. I, col. 173-212.

préciser la thèse de Mansi sur la date du concile de Sardique et établir l'authenticité du concile de Cologne.

§ I. — Date du Concile de Sardique.

Le concile de Sardique, en Illyrie, aux confins des deux empires de Constant et de Constance, fut assemblé par le pape saint Jules, de concert avec les deux empereurs. Trois objets furent soumis à son examen : 1° une déclaration de la foi catholique sur la question soulevée par l'arianisme ; 2° la cause des évêques chassés de leur siége et accusés par les Ariens ; 3° les plaintes formées contre les Ariens eux-mêmes par leurs victimes. Environ 97 évêques étaient réunis à Sardique[1] ; mais les décrets de ce concile furent souscrits par près de 200 autres évêques appartenant aux diverses provinces de l'univers catholique. Optatien est nommé le 17e parmi les évêques des Gaules.

Jusqu'au XVIIIe s. on admit sans vérification la date de 347 assignée au concile de Sardique. Cette erreur reposait en particulier sur le témoignage des historiens Socrate et Sozomène. Cependant, des écrivains, dont la science critique est incontestable : Tillemont[2], Baronius[3], Pagi[4], Sir-

---

[1] Les frères Ballerini démontrent l'erreur de la plupart des historiens qui élèvent jusqu'à 300 le nombre des Pères présents au concile ; erreur qui repose sur un texte mal compris. *Opera S. Leonis.* Migne, *Patrol. latina*, t. LVI, col. 54-62.

[2] *Mémoires ecclésiast.*, t. VIII ; *Vie de S. Athanase,* note XLIV, p. 679.

[3] *Ad an.* 357, n. 1.

[4] *Critic. in annal. Baronii ad an.* 365, n. 2.

mond[1], Mansi[2], les Bénédictins éditeurs des œuvres de saint Athanase[3], déclarent que Socrate et Sozomène sont loin d'être exacts sous le rapport de la théologie, de l'histoire et de la chronologie. Tillemont dit en particulier, relativement aux faits qui nous occupent : « Ils brouillent tellement toute l'histoire (de saint Athanase), qu'il est difficile de s'y reconnaître et d'y rien fonder. » Il faut donc lire ces auteurs avec précaution, sans jamais oublier que leur témoignage a besoin de contrôle.

Partant de cette observation, plusieurs savants se mirent à l'œuvre pour vérifier la date du concile de Sardique, et rétablir dans leur ordre chronologique les faits relatifs à l'épiscopat de saint Athanase. Le travail de critique le plus sérieux sur cette matière est incontestablement celui de Dominique Mansi. Il fut admirablement servi dans cette étude par la découverte du *Chronicon alexandrinum*, édité par le savant Scipion Maffei[4]. Mansi prouva que les faits de la vie de saint Athanase, rapportés dans cette chronique du IVe s., fixaient le concile de Sardique au plus tard à la fin de l'an 344 et non en 347, selon la chronologie de Socrate. C'était donc entre ces deux dates, 344 et 347, qu'il fallait placer la chute d'Euphratas. A Sardique, en 344, au milieu de tant de savants et saints évêques, il avait paru avec tout l'éclat de l'orthodoxie, de la science et de la vertu, au point que l'assemblée avait jeté les yeux sur lui et sur Vincent, évêque

---

[1] *Dissert. de Synodo sirmiensi.*

[2] *Apologia*, n. 26, à la suite des lettres de Mamachi : *de Ratione tempor. Athanasian.*, p. 371.

[3] Migne, *Patrol. græca.*, t. XXV, col. 245-246.

[4] Sous ce titre : *Fragmentum insigne historiæ ecclesiasticæ quarti seculi*, à la suite de son histoire de la Grâce. Trente, 1742. — Galland., *Bibliotheca*, t. V. — Migne, *Patrol. græca*, t. XXVI, col. 1443-1450.

de Capoue, une autre gloire de l'Eglise, pour les déléguer vers l'empereur Constance. Mais bientôt après, Euphratas fut séduit par les Ariens. C'était l'époque des grandes défections, on entendait alors les principales colonnes de l'Eglise tomber avec fracas : en 353 ce sera l'ami d'Euphratas, Vincent de Capoue, légat du Saint-Siége ; en 357 ce sera le célèbre Osius de Cordoue. Euphratas, devenu hérétique, fut déposé au concile de Cologne en 346. Mansi avait donc anéanti la grande objection contre l'authenticité des actes du concile de Cologne, en prouvant l'antériorité du concile de Sardique ; les actes de ces deux conciles n'étaient plus en contradiction.

Toutefois, la démonstration de Mansi ne paraissait pas tout-à-fait sans réplique, parce que la chronique d'Alexandrie, qui servait de base à son argumentation, manquait d'exactitude sur plusieurs faits. Les savants désiraient donc que ce document fût éclairé, corroboré et redressé par d'autres documents que l'histoire attendait encore. Cette découverte est faite. En 1848, un savant Anglais, W. Cureton, publia à Londres, en syriaque, vingt-sept lettres de saint Athanase, appelées *Heortasticæ* ou *Festivales* [1]. Ces lettres sont précédées d'une chronique embrassant tout l'épiscopat de saint Athanase, monté sur le siége d'Alexandrie vers le milieu de l'an 328, et mort sur la fin de l'an 373 [2]. Le cardinal Maï fit traduire le texte syriaque des *Epistolæ Festivales*, par le maronite Mathieu Sciahuanus, professeur de

---

[1] Par ces lettres, les patriarches d'Orient annonçaient à l'avance la fête de Pâques, afin qu'elle fût célébrée le même jour dans toutes les églises de leur patriarchat. Au VIIe s., les patriarches et les métropolitains envoyaient encore ces lettres. (Cf. Concil. Tolet. IV, an. 633.)

[2] Il est à regretter que Fontanini (*De anno emortuali S. Athanasii*) n'ait pas eu ce document sous les yeux.

langues orientales au collége de la Propagande, et il le fit
paraître en 1853, dans le *Nova Bibliotheca Patrum*[1]. Ces
documents, rapprochés de la *Chronique d'Alexandrie*, s'é-
clairent, se complètent, se confirment mutuellement. Ils
jettent une grande lumière sur les faits relatifs à l'épiscopat
de saint Athanase, et aux questions théologiques agitées
à cette époque, en même temps qu'ils lèvent plusieurs
difficultés qui ont embarrassé les savants des derniers siècles. Or, il résulte clairement des *Epistolæ Festivales* et de
la chronique qui les précède, que le concile de Sardique,
qui a témoigné tant de confiance à Euphratas de Cologne,
fut tenu en 343, trois ans avant le concile de Cologne. Nous
citons le texte principal : *Hoc anno* (343) *dóminica Pascha-
lis erat die I Pharmuti, Lunâ XV, VI Kal. Aprilis, Epac-
ta XI, deorum V, indict. I, consulibus Placido et Romulo...
Hoc anno habita fuit synodus Sardicæ.* On voit combien
Mansi s'est approché de la vérité, en plaçant le concile de
Sardique en 344, et combien s'en éloigna Mamachi, qui
attaque avec plus de violence que de raison la thèse de
Mansi, en s'efforçant de maintenir le concile à l'an 347[2].
Arrêtons-nous et concluons. Désormais la vraie date du
concile de Sardique sera donc 343, et conséquemment il
faut reporter à cette époque le pontificat d'Optatien, puis-
qu'il a souscrit les actes de Sardique.

D'après Courtalon[3], Optatien aurait assisté au concile
de Sardique; mais ce fait ne paraît pas certain. En effet,
Courtalon ne peut s'appuyer que sur la lettre du concile de

---

[1] T. VI, p. 1-168, reproduites par Migne, *Patrol. græca*, t. XXVI,
col. 1339-1444.

[2] *De ratione tempor. Athanasian.*

[3] *Topographie*, t. I, page 271.

Sardique tirée de la seconde apologie de saint Athanase [1] ; car c'est le seul document où se trouvent les noms de 34 évêques des Gaules qui ont souscrit les actes du concile. Or, saint Athanase déclare formellement qu'il ne donne pas seulement les noms des évêques qui étaient présents au concile, mais encore les noms de ceux qui ont souscrit dans leur diocèse, quand on leur a présenté les actes. La souscription d'Optatien ne prouve donc pas rigoureusement qu'il ait assisté au concile de Sardique. Les frères Ballerini s'appuyant sur des documents sérieux, établissent une règle [2] pour distinguer dans le catalogue de saint Athanase les évêques présents au concile, de ceux qui ont seulement souscrit les actes : la première liste du catalogue renfermerait les noms des premiers ; les noms des seconds seraient compris, par ordre de provinces, dans la seconde liste. Or, le nom d'Optatien se trouve dans cette seconde liste. Cependant, d'après la discipline ecclésiastique en vigueur à cette époque, on doit croire que les actes de Sardique, rapportés dans les Gaules par les évêques présents au concile, ont été approuvés et souscrits dans l'année même par les évêques qui n'avaient pu se rendre à Sardique. Il est donc certain qu'en 343 Optatien était évêque de Troyes.

§ II. — Authenticité des actes du Concile de Cologne.

La date du concile de Sardique étant rétablie, la seconde partie de notre travail est facile et l'on doit pressentir notre conclusion.

---

[1] *Opera S. Athanasii.* Migne, *Patrol. græca*, t. XXV, col. 323-342, insérée dans les *Conciles.* Coleti, t. II, col. 699.

[2] *Opera S. Leonis.* Migne, *Patrol. latina*, t. LVI, col. 54-62.

Les actes du concile de Cologne portent qu'il fut assemblé le 12 mai après le consulat d'Amantius et d'Albinus en 346 (*post consulatum Amantii et Albini*); il fut présidé par saint Maximin, évêque de Trèves. On commença par lire la lettre de l'église de Cologne et des villes de la Germanie (*Castrorum Germaniæ*), dénonçant l'aspostasie d'Euphratas; ensuite tous les évêques donnèrent leur avis à leur tour et suivant leur rang. Optatien, *Episcopus Tricassium*, est nommé le cinquième; il s'exprima ainsi : *Et ego sentio, Euphratam in episcopatu permanere non posse, qui blasphemavit, negando Christum Deum* [1].

L'antiquité des actes de ce concile ne pourrait être niée sans témérité; car, outre que la rédaction affecte bien la forme des actes du IVe s., l'ancien biographe de saint Servais, évêque de Tongres, les rapporte presque textuellement [2]; le biographe de saint Maximin de Trèves, qui écrivait au VIIIe s., les avait sous les yeux [3]; Bertharius, vers l'an 887 [4], Hariger, abbé de Lobbes, sur la fin du Xe s. [5], les rappellent. Pendant tout le moyen-âge et jusqu'au XVIe s., ces actes souvent cités sont constamment et universellement regardés comme authentiques, et on les trouve insérés dans toutes les collections des conciles. Aussi, lorsque des voix discordantes s'élevèrent pour prouver que le concile de Cologne n'était qu'une fiction, la plupart des savants démontrèrent son authenticité historique, ou du moins ne tinrent aucun compte des raisonnements qui ne prouvaient

---

[1] *Concil.*, t. II, col. 645.

[2] *Concil.*, t. II, col. 647.

[3] *Acta SS.*, t. VI *Maii*, p. 370.

[4] D'Achery, *Spicileg.*, t. XII, *præfat.*, p. 11, première édition. — *Recueil des historiens de France*, t. VI, p. 154.

[5] Jean Chapeauville, *Chronic. episcopor. Tungrens.*, col. 24. — *Acta SS.*, t. III *Maii*, p. 215.

rien contre un fait solidement établi par la tradition. Nous trouvons dans cette phalange des défenseurs de la vérité : Pierre Pithou [1], Pierre de Marca [2], Denys Petau [3], Jacques Sirmond [4], David Blondel [5], Antoine Pagi [6], Charles Lecointe [7], Dominique Mansi [8]; et parmi les Bollandistes : Godefroi Henschenius [9], Corneille de Bye [10], et de nos jours le P. Victor de Buck [11].

Nous pouvons donc légitimement conclure que la question de l'authenticité du concile de Cologne est résolue affirmativement par la voie d'autorité. Mais, afin de dissiper sur ce point jusqu'au plus léger nuage, jetons un coup d'œil sur les fins de non-recevoir alléguées par la partie adverse. La grande objection faite par Baronius, répétée au XVIIIe s. en Allemagne, par Schoepflin [12] et Hartzeim [13], fut ainsi formulée en France par D. Ceillier : « Ce qui est plus considérable, c'est qu'Euphratas, qu'on suppose avoir été déposé comme hérétique et coupable de divers crimes en 346, fut non-seulement admis comme catholique l'année sui-

---

[1] *Bref recueil des évesques de Troyes, Optatianus*, à la suite des *Coustumes*, p. 663. A Troyes, chez du Ruau, 1628.

[2] *De Concordiá*, l. VI, c. 17, n. 2. — L. VII, c. 2, n. 13.

[3] *Dogmat. theolog.*, t. IV, l. I, c. 3, n. 13.

[4] *Concil. antiq. Galliæ*, t. I, p. 11. — *Notæ posthumæ Conc.* Coleti, t. II, col. 652.

[5] *De Primatu*, p. 82.

[6] *Critic. in Annal. Baronii ad an.* 346, n. 6.

[7] *Annales*, an. 355, n. 13.

[8] *Supplement. concilior., De epochis Sardic. et Sirm.*, col. 173.

[9] *Acta SS.*, t. III *Maii*, p. 210, et t. VI, p. 373.

[10] *Acta SS.*, t. V Oct., p. 594. — *Les arguments de Corneille de Bye sont répétés et complétés*, t. VI Oct., p. 76.

[11] *Acta SS.*, t. XI Oct., p. 834.

[12] *Alsatia illustrata*, p. 344.

[13] *Concil. Germaniæ, præfat.*, § XXVI.

vante au concile de Sardique, avec tous les évêques qui l'avaient condamné à Cologne, mais encore député par les évêques du concile avec Vincent de Capoue pour aller demander à l'empereur Constance le rétablissement de saint Athanase et de tous les évêques chassés de leurs siéges par la faction des Ariens. Un homme condamné pour ses mœurs et pour sa doctrine était-il propre à une députation si honorable[1]? »

Or, la première partie de notre dissertation répond à cette objection. La date du concile de Sardique étant rectifiée, la difficulté s'évanouit, et il est facile de concilier la conduite des Pères des deux conciles à l'égard d'Euphratas.

De nos jours, le docteur Binterim fit de nouvelles objections contre le concile de Cologne[2]. Il entraîna à son opinion le P. Joseph van Hecke qui, abandonnant la tradition des anciens Bollandistes, attaqua le sentiment de Corneille de Bye[3]; mais il fut redressé à son tour par son confrère le P. Victor de Buck[4].

Réfutons en quelques mots les objections du docteur Binterim.

1. Recourant à l'argument négatif, il commence, à l'exemple de D. Ceillier, par alléguer le silence des historiens Grégoire de Tours et Sulpice Sévère; puis le silence des Pères qui ont écrit sur les hérésies, saint Epiphane et saint Augustin.

D'abord, on sait que l'argument négatif tant employé au xviie et au xviiie s. par les démolisseurs de l'histoire, ne

---

[1] *Aut. sacrés*, t. IV, p. 665.

[2] *Geschichte der deutschen concilien*, t. I, p. 373. — Binterim, mineur observantin, curé de Bilk, au diocèse de Cologne, est aussi connu par plusieurs ouvrages liturgiques.

[3] *Acta SS.*, t. V Oct., *Auctarium*, p. 47-48.

[4] *Ibid.*, t. XI Oct., p. 834.

démolit rien. Quant à Grégoire de Tours et Sulpice Sévère, éloignés de l'époque du concile, personne n'ignore qu'ils sont très-incomplets et passent des faits plus importants que le concile de Cologne. Enfin, on comprend que les Pères qui ont écrit sur les hérésies n'aient pas parlé d'Euphratas, puisqu'il n'est pas l'auteur d'une hérésie nouvelle, mais un des mille partisans d'Arius.

II. Au mois de mai 346, comment a-t-on pu ignorer à Cologne que les consuls étaient Constance IV et Constant III, augustes, et conséquemment dater ainsi le concile : *Après le consulat d'Amantius et d'Albinus ?* Ces derniers étaient remplacés depuis plusieurs mois [1].

Nous trouvons précisément dans ces expressions une marque de la sincérité des actes ; car cette même manière de dater (qu'on n'explique pas facilement), se retrouve sur une foule de monuments lapidaires de la même époque trouvés en Occident et à Rome même, et cette formule est employée non-seulement au mois de mai, mais jusqu'au mois de septembre suivant, comme le prouvent Baronius [2], Mansi, d'après Gruters [3], Muratori [4], et de nos jours le savant de Rossi [5]. Cette note consulaire établit donc l'authenticité des actes de Cologne.

III. Binterim fait une chicane sur le mot de *castra* employé par le concile. D'après le *Glossarium* de du Cange, dit-il, ce mot avec la signification d'*oppidum* apparaîtrait

---

[1] Cf. *Fast. Consulares.* Schelstrate, *Antiquitas Ecclesiæ*, t. II, p. 285, in-fol.

[2] *Ad an.* 346, n. 1.

[3] *In annal. Baronii, ad an.* 345, n. 1.

[4] *Inscriptiones*, t. I, p. CCCLXXIX, n. 1.

[5] *Inscriptiones christianæ*, t. I, p. 59, n. 90, et p. 60, n. 91, 92, 93.

pour la première fois dans le *Notitia Imperii* écrit vers l'an 400. Les actes du concile de Cologne seraient donc apocryphes et remonteraient tout au plus au ve s.

Mais on sait que du Cange, dans les dernières éditions [1], a été réformé sur ce point au profit de notre thèse, en sorte que l'objection de Binterim s'évanouit. D'ailleurs, l'expression du concile est pleinement justifiée dans son acception par les anciens auteurs latins Quinte-Curce, Cornelius-Nepos, Pline, Tite-Live, cités dans le *Thesaurus* de Forcellini [2].

IV. Le concile de Cologne fut célébré le dimanche. Donc c'est une nouvelle preuve qu'il est supposé, conclut Binterim, parce que les conciles, d'après les anciens *Ordres synodaux*, devaient s'ouvrir le lundi.

Les auteurs qui ont voulu rappeler sur ce point la règle générale sont divisés. Les uns affirment que, dans les premiers siècles de l'Eglise, les conciles s'ouvraient le dimanche [3]; les autres, qu'ils s'ouvraient le lundi [4]. Malheureusement ces prétendues règles générales ne s'accordent pas avec l'histoire, et il suffit de parcourir la chronologie des conciles d'après l'*Art de vérifier les dates*, pour voir qu'ils s'ouvraient indifféremment tous les jours de la semaine. Comme il s'agit, dans cette dissertation, d'un concile du ive s., prenons tous les conciles qui ont une date précise de l'an 314 à l'an 390 : en 314, concile d'Arles, 1er août, dimanche; en 325, concile de Nicée, 19 juin, samedi; en 330, concile d'Alexandrie, 27 décembre, dimanche; en

---

[1] Edit. Henschel, Didot, 1842.

[2] Verb. *Castrum* et *Castellum*.

[3] Mansi, *In annal. Baronii, ad an.* 662, not. 1.

[4] Garnier, *Dissertat. de synodo* V, c. v, § 2. — Pagi, *Critic. in Annal. Baronii, ad an.* 374, n. 9. — Van Hecke, *Acta SS.*, t. V Oct., *Auctar.*, p. 47.

335, concile de Jérusalem, 13 septembre, samedi ; en 359, concile de Séleucie, 27 septembre, lundi ; en 374, concile de Valence, en Dauphiné, 12 juillet, samedi ; en 386, concile de Rome, 6 janvier, mardi ; en 390, concile de Carthage, 17 mai, vendredi. Sautons jusqu'au ixᵉ s. et citons seulement les conciles tenus dans la province de Sens : en 829, concile de Paris, 6 juin, dimanche ; en 832, concile de Saint-Denis, proche Paris, 1ᵉʳ février, jeudi ; en 845, concile de Meaux, 17 juin, mercredi ; en 846, concile de Paris, 14 février, dimanche ; en 867, concile de Troyes, 25 octobre, samedi ; en 878, concile de Troyes, 11 août, lundi. — Ce dernier argument de Binterim n'a donc pas plus de valeur que les autres. Nous croyons que tout homme sérieux comprendra qu'il faut fournir des preuves plus solides au tribunal de la vraie critique historique, pour nous contester le possessoire du concile de Cologne. Son authenticité est donc prouvée.

Les conclusions de cette dissertation modifient nécessairement la chronologie et l'histoire de l'épiscopat d'Optatien. Nous avons établi deux dates certaines, deux faits incontestables auxquels se rattachent la vie de l'évêque de Troyes. Il souscrivit les actes du concile de Sardique en 343, et il assista au concile de Cologne en 346. Ces conclusions appartiennent également à l'histoire générale de l'Eglise. Il est donc regrettable que nos derniers historiens n'aient pas puisé aux sources que nous avons indiquées. Rorhbacher passe sous silence le concile de Cologne, M. l'abbé Darras, dans son excellente histoire, conserve la fausse date du concile de Sardique[1].

---

[1] T. IX, p. 360.

IMPRIMERIE DUFOUR-BOUQUOT
DB
TROYES.